Le [illegible] de Mémé sorcière

Évelyne Reberg habite en Côte-d'Or. Professeur de lettres, puis bibliothécaire, elle est l'auteur de nombreuses histoires pour enfants. Publiée régulièrement par les revues de Bayard Jeunesse, elle a également écrit des romans édités chez Duculot, Hatier, L'École des Loisirs, Le Seuil, Nathan et Flammarion.

Du même auteur dans Bayard Poche :
Les crétins punis (Mes premiers J'aime lire)
C'est la vie, Julie - La vieille dame et le fantôme - P'tit Jean et la sorcière - Le château hanté - L'auto fantôme - Hurlenfer - Bouboul Maboul - Le sifflet du diable - L'arbre aux secrets - Ma mémé sorcière - Mon copain vampire - Marie-toi, marie-toi ! (J'aime lire)

Mérel est né à Mulhouse en 1952. Après des études aux Beaux-Arts, il a enseigné le dessin, puis s'est lancé dans l'illustration de livres pour enfants : il en a publié plus d'une centaine ! Il est aussi fier de son diplôme de vingt-cinq mètres en nage libre que du prix des incorruptibles (1991) et des Bonnemine d'or (1992 et 1996) qu'on lui a décernés. Il adore les grands voyages à l'autre bout du monde... ou les expéditions au coin de sa rue.

Du même illustrateur dans Bayard Poche :
P'tit Jean et la sorcière - Léo contre Léa - Le prince congelé - Timidino, le roi du pinceau - Ma mémé sorcière - Le sifflet du diable (J'aime lire)

Dépôt légal : mai 2005
Loi du 16 juillet 1949 sur les publications destinées à la jeunesse.

Le mariage de Mémé sorcière

Une histoire écrite par Évelyne Reberg
illustrée par Mérel

J'AIME LIRE
BAYARD POCHE

Pour la vie
Je t'aime
Roberto

1
Déjà dix-sept maris !

Mercredi, quand je suis allé chez ma mémé sorcière, je l'ai trouvée en train de pleurer à gros bouillons : elle regardait les photos de ses anciens maris. Colique, son rat, essayait de la consoler. Mémé m'a dit en se mouchant :

– Dire que je me suis mariée dix-sept fois ! Mille œufs pourris ! Yvan, regarde mes maris, comme ils étaient jolis !

J'ai regardé : il y en avait des édentés, des cabossés, des tordus, des poilus...

– Ça ! ai-je fait, on peut dire que tu charmes les hommes, Mémé chérie…

– Eh oui, a dit Mémé, personne ne résiste à mon parfum « Bave de mégot ».

– Le problème, ai-je ajouté, c'est que, chaque fois que tu te maries, tu divorces !

Elle a soupiré :

– Eh oui, misère ! À tous les coups, au repas de noces, quand vient le dessert, je déraille…

Elle s'est levée pour me préparer mes tartines préférées, celles au beurre de limace... Elle est si gentille, ma mémé ! Dommage qu'elle vive seule. Pendant qu'elle s'agitait, moi je réfléchissais.

Je suis trop jeune pour avoir assisté à tous ses mariages, mais je me souviens des deux derniers. Impossible de les oublier...

Son mari d'il y a deux ans, monsieur Nabab, était riche, tellement riche ! Sa voiture prenait toute la longueur de la route.

Eh bien, à la fin du repas de noces, au dessert, Mémé a sorti son sachet de poudre de vérité. Elle en a saupoudré le dessert de Nabab. Personne ne regardait, mais moi, j'ai tout vu.

Dès qu'il a commencé à manger, elle a susurré :

– Cher Nabab, as-tu un défaut ?

Nabab a été obligé d'avouer :

– Mon défaut ? Eh bien, je suis voleur.

Alors, Mémé a dit :

– Ramouloukboulouk ! Rends tout ce que tu as volé !

Et Nabab s'est retrouvé tout nu. Quel scandale !

Son mari de l'an passé, il s'appelait monsieur Frigo. Et il était large comme un frigo géant. Eh bien, il a connu le même sort. À la fin du repas de noces, au dessert, Mémé a sorti sa poudre de vérité, elle en a saupoudré le dessert de monsieur Frigo et, dès la première bouchée, il a avoué :

– Mon défaut ? Je suis brutal !

Alors Mémé a dit :

– Ramouloukboulouk ! Frappe-toi comme tu frappes les autres !

Le pauvre ! Il s'est assommé lui-même. On a dû l'emporter sur un brancard.

Encore un divorce, évidemment.

Je pensais à ce désastre quand, tout à coup, Mémé m'a caressé la joue. Elle m'a annoncé :

– Yvan, j'ai une course à faire au supermarché. Mille crachats gluants, je file !

J'ai continué à réfléchir. C'est à ce moment-là que j'ai eu mon idée de génie. Les idées de génie, c'est ma spécialité. Je venais de trouver le mari idéal pour ma mémé : Pépé Padepoil !

2
La ruse d'Yvan

Pépé Padepoil n'est pas mon vrai pépé, mais je l'appelle « Pépé » parce que je l'adore. J'allais descendre chez lui quand Colique a couiné :

– Hé ! Tu m'emmènes ?

Je l'ai fourré dans mon sac, j'ai descendu les trois étages et j'ai sonné.

Pépé s'est écrié :

– Salut, Yvan ! On fait une partie de dames ?

Je suis très fort, aux dames. Je gagne presque à tous les coups. Mais, cette fois, j'étais si distrait que mon pépé m'a avalé trois pions en trois secondes.

Je lui ai dit :

– Pépé chéri, que penses-tu de ma mémé ? Tu sais, la dame aux cheveux rouges que tu croises, parfois, dans l'escalier !

– Hum hum ! a fait Pépé Padepoil.

– Hum quoi ?

– Eh bien… hum ! Elle est… hum ! Tiens, cet affreux rat qu'elle traîne en laisse partout avec elle… Je ne veux pas être déplaisant, mais c'est un peu… hum hum !

Colique a grogné, il a sorti les dents. Heureusement, Pépé ne l'a pas vu.

Je me suis écrié :

– C'est un rat merveilleux ! Un rat plus qu'apprivoisé !

– Un animal plus qu'apprivoisé ? a grommelé Pépé. Je n'ai jamais entendu ça…

J'ai ajouté en baissant la voix :

– Pépé Padepoil, on a dû te raconter que ma mémé est une sorcière...

Pépé s'est gratté le menton, puis il a avoué :

– Exactement, Yvan. C'est ce qu'on dit dans le quartier.

– Eh bien, c'est vrai... Elle est capable de changer n'importe qui en crapaud, et c'est super rigolo.

– Tu trouves ? m'a dit Pépé. Moi, je préférerais qu'on me transforme en auto de course.

Puis il m'a avalé six pions.

Je m'en moquais de perdre. J'étais lancé. J'ai dit :

– Ma mémé, c'est une sorcière gentille. Elle ne se sert jamais de ses tours de sorcellerie, sauf dans les grandes occasions. Et c'est une cuisinière ex-cep-tion-nelle.

Pépé m'a interrompu :

– Je t'ai battu à plate couture*. Ce n'est pas drôle, tu joues n'importe comment, aujourd'hui.

* Battre quelqu'un à plate couture, c'est le battre complètement.

Je jouais peut-être n'importe comment, mais je ne pensais pas à n'importe quoi ! Ça non ! Malin comme je suis, j'ai ajouté :

– Je n'ai plus envie de jouer. Si on sortait un peu ? Si on faisait un tour... tiens... au supermarché ?

3
L'effet bave de mégot

À peine entrés dans le magasin, comme prévu, nous sommes tombés nez à nez avec Mémé. Je me suis exclamé :

– Mémé, je te présente Pépé ! Pépé, je te présente Mémé.

Je me disais : « Quelle joie de réunir les deux grands amours de ma vie... »

Mémé a lancé :

– Ah ! Bonjour, monsieur Padepoil !

Elle a fait un grand sourire, montrant son unique dent…

– Je vous croise parfois, dans l'escalier.

– Hum hum !

Pépé ne disait pas un mot. Il faisait une de ces tronches ! Jamais je ne l'ai vu aussi impoli.

Colique observait la scène. Je lui ai murmuré :

– Aïe aïe ! J'ai peur que ça ne marche pas.

Il a grogné :

– Tu veux qu'ils se marient, c'est ça ? Mais, moi, je n'en veux pas, de ton pépé ! C'est un abruti ! Il n'aime pas les rats !

Pépé faisait la tête à Mémé, et Colique me faisait la tête à moi. Mon Dieu ! Que la vie est compliquée, parfois !

Soudain, Colique a sauté du sac en couinant comme un forcené :

– Cap'taine Colique, à l'assaut !

Colique a foncé sur le mollet de Mémé, il l'a mordue, exprès pour l'empêcher de parler à mon pépé. Elle a poussé un cri, elle a laissé tomber son sac, et tout s'est renversé par terre : ce jour-là, elle trimbalait un plein sachet de vers de terre.

Pépé s'est précipité pour les ramasser. Il s'est exclamé :

– Ça alors ! Vous aimez pêcher ?

– Euh..., a dit Mémé.

Elle n'osait pas avouer que les vers étaient destinés à son repas du soir : elle adore les vers gratinés.

En se relevant, Pépé s'est cogné contre Mémé. Et, là, le parfum « Bave de mégot » a commencé à faire son effet.

Je me suis éloigné, suivi par Colique, qui crachait de rage. Je suis resté une heure à admirer les couches pour bébés tandis que Colique couinait :

– Faux jeton ! Reptile !

De temps en temps, je jetais un coup d'œil derrière moi. Je disais à Colique :

– Tralalalère ! Ils se font des petits mamours !

Soudain, Mémé s'est écriée :

– Une grande nouvelle, Yvan ! Pépé et moi, on se marie dans quinze jours.

J'ai dit :

– Ça alors ! Quelle surprise !

4
Colique, le rapporteur

Le mercredi suivant, quand je suis arrivé chez ma Mémé, elle ronronnait au téléphone :

– Allô ? Le Palais de la mariée ? Je désire acheter un collier en os de dinde. Je me marie dans huit jours !

Mon pépé ! Ma mémé ! J'allais bientôt les avoir tous les deux pour moi ! Dans le même appartement ! Bien joué, Yvan !

Mais Colique m'a lancé un regard de tueur :

– Tatata ! Il ne mettra jamais les pieds ici, ton pépé ! Il sera éliminé dès le repas de noces… comme les dix-sept autres… Je vois déjà Mémé saupoudrer le gâteau de Pépé avec sa poudre de vérité ! Elle demandera : « Quel défaut as-tu ? » et il sera cuit, ratatiné, ce Padepoil !

J'ai rétorqué :

– Pas du tout ! Mon pépé n'a aucun défaut !

– Pas possible, a triomphé Colique. Tout le monde a un défaut ! Toi, par exemple, tu te mêles toujours de ce qui ne te regarde pas...

– Moi ?

– Oui, toi ! Moi, je suis un tout petit peu collant, parfois...

– Super glu, tu veux dire. Tu nous suis partout, Mémé et moi.

J'ai pensé : « Maudite soit cette poudre de vérité ! Au dessert, Mémé va faire avouer n'importe quoi à mon pépé. C'est plus fort qu'elle ! Même s'il n'a pas de défaut, elle va se débrouiller pour lui en trouver un minuscule ! Et couic ! »

Pendant que Mémé se commandait du maquillage cache-verrue, je me suis glissé dans la cuisine. J'ai saisi le sachet de poudre de vérité en marmonnant :

– Où le cacher ? Mémé trouve tout ! Elle a des yeux partout !

Soudain, j'ai eu encore l'idée du siècle. J'allais cacher la poudre de ma mémé… chez mon pépé, pardi !

Mais, en me voyant sortir, Colique s'est écrié :
– J'ai tout vu ! Je vais te dénoncer !
– Oh non ! Je t'en supplie, Colique !
J'étais complètement affolé.

– Bon, je ne dirai rien, m'a promis Colique. À une condition : que tu essaies tout de suite la poudre sur ton pépé. Prends-moi avec toi... Hi hi hi ! Je tiens à voir le résultat.

J'ai marmonné, pas très sûr de moi :

– Bof ! Mon pépé, il ne risque rien : il est gentil, poli, il joue aux dames, il est parfait.

J'ai glissé Colique dans mon sac, et je suis descendu.

Chez Pépé, Colique m'a ordonné :

– Jette de la poudre sur sa pipe ! Vite, vite, que je rigole !

J'ai obéi. Bien forcé ! Quand Pépé a tiré une bouffée de sa pipe, j'ai demandé en tremblant :

– Pépé, quel défaut as-tu ?

La tête de Colique sortait du sac. Pépé l'a aperçu, il s'est mis à hurler comme un fou furieux :

– Je hais les gros rats dégoûtants !

Aussitôt, Colique a sauté en l'air. Je l'ai vu s'enfuir par la porte entrouverte. Il a battu le record du monde de saut en hauteur de marches d'escalier.

– Bon, bon, j'ai dit. Calme-toi, Pépé.

Je lui ai expliqué à quoi sert la poudre de vérité.

– Merci, Yvan ! a dit Pépé. Tu me sauves la vie. Hé hé ! Nuit et jour, je vais garder ce précieux sachet sur moi.

Quand je suis remonté chez Mémé, je chantonnais :

– Tralalalalère !

Hélas, Mémé était devant ses marmites, en train de faire cuire une boue puante. Elle s'est penchée sur sa recette :

– Figure-toi que j'ai perdu ma poudre ! Je suis obligée d'en refaire ! C'est Colique qui m'y a fait penser. Heureusement qu'il est là !

Sacrée Mémé ! C'est plus fort qu'elle ! Sans sa fichue poudre de sorcière, elle se sent perdue !

Colique m'a fait la grimace en chantonnant :

– Tralalalala !

5
Maudite poudre !

Le jour du mariage, j'étais plutôt nerveux. Je me disais : « Poudre contre poudre, Mémé et Pépé vont faire match nul ! Oui, mais s'ils allaient s'entre-déchirer ? Si je me retrouvais sans Pépé chéri, sans Mémé chérie ? Oh là là ! La panique ! »

Les mariés sont arrivés dans la teuf-teuf de Pépé. À l'arrière de la voiture, on pouvait lire : « Vieux re-re-re-mariés » au lieu de : « Jeunes mariés ».

Quand ils sont descendus, tous les invités ont applaudi. J'ai eu du mal à reconnaître Mémé, tant elle était maquillée. Elle tenait son Colique en laisse. En passant près de moi, le rat a murmuré :

– Je suis sûr que ça va très mal se passer !

Je lui ai tiré la langue.

À la mairie, le maire a dit :

– Monsieur Padepoil, voulez-vous épouser Madame Sorcière, ici présente ? Madame Sorcière, voulez-vous épouser Monsieur Padepoil ?

Impeccable.

Ensuite, on est allés au restaurant. Tous les invités regardaient le nouveau marié avec un air de pitié. Ils murmuraient :

– Le pauvre homme ! Il est cuit !

Quand Mémé est passée près de moi, j'ai supplié :

– Tu te retiendras, Mémé, hein, pour une fois ? Parce que Pépé Padepoil, c'est une chance formidable, je te le dis. Pour toi, et pour moi.

– Ttttt ! Pourquoi est-il inquiet, mon Yvan ? a gloussé Mémé en me caressant la tête.

En entrée, on a eu une salade de sangsues. Délicieux.

Mémé était calme. Pépé aussi.

Ensuite, on a eu de la bouse de buffle en purée et des hamburgers à la taupe. Archibon.

Côté Mémé, calme plat.

Enfin… hum… pas tout à fait.

Elle a fouillé dans son sac discrètement.

Pépé, lui, il mangeait, il buvait, il faisait des bécots à Mémé, il lui disait :

– Viens contre moi, ma toute moisie !

Il semblait avoir oublié le danger.

Peu à peu, ma gorge se nouait, je ne pouvais plus rien avaler. Et puis le dessert est arrivé.

Le serveur a annoncé :

– Délice d'œufs pourris aux vermisseaux !

À ce moment-là, Mémé a été prise par sa sale manie de sorcière. Elle a ouvert son sachet de poudre.

Colique m'a regardé avec un air de triomphe. J'ai crié comme un forcené :

– Attention, Pépé !

Et là, tout s'est déglingué.

6
La pire des sorcières

Pépé avait gardé son sachet de poudre dans sa manche. Il a tendu la main vers l'assiette de Mémé. À ce moment-là, Colique a bondi sur la table, et il a crié :

– Cap'taine Colique, à l'assaut !

Rrran ! De toutes ses dents, il a mordu Pépé.

C'était idiot, parce que Pépé a répandu sa poudre un peu partout.

Tout le monde en a reçu, et tout le monde s'est mis à dire la vérité. La sorcière Korbakkk a avoué :

– Moi, je suis la pire commère de mon immeuble !

Au même instant, madame Bobard a dit qu'elle était la pire menteuse de la planète. Monsieur Gueulette a avoué qu'il était tellement râleur qu'il râlait sans même savoir pourquoi il râlait.

Quant à Mémé, la pauvre, elle a reçu une

pleine pelletée de poudre. Sur le moment, elle est devenue raide comme une vieille chaussette. Puis, tout à coup, elle s'est mise à verser des torrents de larmes. Elle a dit :

– Moi, je suis la pire des sorcières !

Elle a ajouté :

– Ramouloukboulouk, Mémé sorcière. Puni-toi comme tu punis les autres !

Et, hop ! elle est devenue blanchâtre, puis elle a commencé à disparaître.

J'ai gémi :

– C'est la fin des haricots ! Ma mémé ! Ma mémé adorée ! Autodétruite ! Décidément, c'est dangereux, les mariages !

Heureusement, Pépé l'a secouée. Heureusement, il lui a mis la tête en bas, les pieds en haut ! Elle a recraché toute la poudre, et même tout le repas... plus un petit serpent.

Puis, hop ! Elle est redevenue Mémé. Il ne lui manquait que ses trois verrues sur le nez.

Sauvée !

J'ai poussé un si gros soupir qu'on a dû l'entendre jusqu'au pôle Nord. Puis tout est redevenu normal. On a terminé le mariage en dansant. Seul Colique a refusé de bouger. Il est parti se coucher sous la table, on aurait dit un rat crevé.

Maintenant, je suis heureux. Le mercredi est mon jour de paradis. J'ai un pépé et une mémé à la fois. On fait plein de parties de bataille, à trois, chez Mémé, au milieu de ses chauves-souris ! Mais je suis ennuyé pour Colique... Il ne sort plus de son armoire. Il dit que sa vie est brisée depuis que Pépé habite chez Mémé.

Il m'accuse :

– Sale peste ! Poison !

C'est embêtant. Pourquoi faut-il que rien ne soit parfait dans l'existence ?

Génial comme je suis, je vais bien trouver une idée de génie !

Achevé d'imprimer en mai 2005 par Oberthur
35000 RENNES – N° Impression : 6495
Imprimé en France